Mallorca

Photographies:

Archivo Editorial REPRECO, C.B.

EDITADO POR:
REPRECO-CB
C/ Son Pieras S/N Polig. Son Noguera
07620 LLUCMAJOR
Tel./Fax 971 661 663

Edición 2003

ISBN 84-398-2813-6
Depósito legal B-24991-95
Printend in Spain - Impreso en España

Serper S.L. Crtra. l'Hospitalet, 22 08940 Cornellá de Llobregat Barcelona

L'ILE ENCHANTEE

Dans ces pages qui composent ùn résumé des divers aspects de lîle de Majorque voici que, s'harmonisant avec les descriptions qu'on y trouve, figurent, douées d'une force d'attraction puissante, des reproductions de paysages merveilleux, captés par des esprits sensibles aux beautés de la Nature. Cette Nature magnifie généreusement ces attraits qu'à leur manière, et grâce à leur talent, une pléiade de peintres réussirent à éterniser, sans jamais cesser de proclamer qu'ils avaient découvert l'Eden de leurs rêves dans l'enchantement des îles.

Il ne s'agit nullement ici de mettre en valeur des noms d'artistes, de musiciens, de poètes et d'écrivains, qui, par la magie de leur art, rendirent célèbres les belles îles méditerra-

néennes, riches d'autre part d'une magnifique histoire inhérente au développement de civilisations variées. Un simple coup d'oeil sur l'Histoire, nous fait précisément discerner tout ce que signifie le nom de Majorque. Ainsi peut être présentée à la face du monde toute une gamme d'authentiques beautés qui viennent ajouter leur prestige à celui dont jouit la péninsule ibérique, et en sont les sentinelles avancées, en direction de l'Orient mystérieux.

La photographie a réussi à fixer, à l'aide de la techique moderne de la couleur, certains moments qui correspondent à l'état d'âme des artistes qui surent si bien utiliser les ressources de leur appareil. Celui qui aura vu de ses propres yeux la mer verdâtre avec son fond de sable clair, et ses algues tremblantes, en gardera le souvenir, Il reverra le ciel bleu traversé de nuages blancs et roses, et les petites maisons d'au-delà des montagnes incrustées comme des joyaux dans les différents plans de la structure insulaire. Et l'émotion ressentie devant cette vision concrète, chaque fois qu'il feuilletera ce livre qui lui rappelera sa visite à l'île, duerra sans erreur possible.

Majorque, la grande Baléare, aux harmonieuses proportions qui ont permis l'installation ordonnée de plusieurs villes importantes et de plus de soixante villages situés aussi bien dans la planie que dans la montagne.

Les monuments sont nombreux à Palma, formés de nobles pierres: le château de Bellver, la Lonja, la Cathédrale et la dentelle gothique de sa fine architecture. Proximité du paysage par rapport à la mer. Certaines idées modernes — et iconoclastes — ne pourront jamais prévaloir ici, dans lîle de la Bonté et de la Beauté.

L'auteur de ces lignes a pensé qu'il pourrait peut-être couronner son prologue, en faisant allusion à Majorque, sa patrie qui lui est chère, par un sonnet qui veut être un témoignage de sa tentative en vue d'apporter sa contribution à l'oeuvre des éditeurs de ce livre.

Ile de paix dans des eaux reposées,
lumière vive, richesse, harmonie,
pierre précieuse où l'espoir a son nid
refuge de l'Amour et de la Poésie.

Temple dédié à la modération,
hymne à la beauté et à la chevalerie,
jardin où l'on cultive la louange
traduite en règles qui subsistent.

Miroir qui reflète mille couleurs
sous la voûte d'azur d'un ciel parfait,
qui vibre tout au long de l'Histoire.

Toi l'amandier en fleurs, la corbeille fleurie
qui flotte sur la mer, au monde ouverte,
Majorque, antichambre de la glorie!...

Antonio Carlos VIDAL-ISERN

Correspondant de
l'Académie des Sciences Morales et Politiques
Membre de
l'Association Espagnole d'Ecrivains de Tourisme

« Ami lecteur :

Si tu souffres de neurasthénie, ou si tu t'imagines que tu en souffres, ce qui revient à en souffrir; si tu es étourdi par les bruits dont nous a gratifié la civilisation, à cause de ce désir d'aller plus vite et d'arriver plus tôt là où nous n'avons rien à faire; si les affaires t'ont rempli de chiffres

l'endroit où tu devrais avoir ce que nous nommons intelligence ; si les « cinés » t'ont abimé le mécanisme de la vue, et que cette trépidation est devenue chez toi chronique, que le manque de tranquillité ne te laisse plus vivre, et que tu veux jouir un peu du repos auquel a droit dans cette vie celui qui n'a fait de mal à personne, suis-moi dans une île que je t'indiquerai, dans une île où le calme règne toujours, où les hommes ne sont jamais pressés, où les femmes ne vieillissent jamais, où les mots même ne s'utilisent pas inutilement, où le Soleil séjourne plus longtemps que partout ailleurs, et où Madame la Lune, aussi, poursuit plus lentement son chemin...

Cette île, lecteur, c'est Majorque ».

Les lignes précédentes sont de Santiago Rusiñol. Nous n'avons pas trouvé de plus belle référence ni de meilleure introduction pour ce livre, que les premiers mots de « La Isla de la Calma », où Majorque nous est expliquée avec tant d'amour.

Et nous pourrions continuer à citer Rusiñol, et à illustrer de ses sentences nos photographies, si nous ne craignions pas que « sa » Majorque ne fusse exactement celle d'aujourd'hui, que cette paresse légendaire ne commençât point à se ressentir des trépidations d'une vie plus vibrante, que ces rues solitaires de la vieille Palma « qui ne possèdent pas de boutiques, parce que leurs propriétaires ne mangent pas, et qu'elles résonnent comme des tables d'harmonie, marquant le rythme des pas, des soupirs ou du balancement des berceaux », n'eussent plus rien en commun avec ce qu'elles étaient.

Majorque, Ibiza, l'archipel entier s'est mis à vivre une nouvelle existence, à envahir le monde de son calme, à partager ses trésors avec le reste de la Terre. Les statistiques nous donnent des chiffres de transit fabuleux, en ce qui concerne les aéroports. Les terres dorées entourées d'azur reçoivent les grands de la terre et les gens les plus modestes, se font accueillantes à tous.

Outre Majorque et Minorque, les îles Baléares sont formées par la blanche Ibiza, Formentera, Cabrera, et toute une série de petites îles ou d'îlots qui surgissent de la mer, tout près de leurs côtes : Dragonera, située à la pointe occidentale de Majorque, et qui offre à ceux qui arrivent par bateau, la belle perspective de ses jetées (anticipation de ce que sera quelques milles plus loin le spectacle éblouissant de la Baie de Palma) ; Aire, proche des côtes de Minorque; Conejera d'Ibiza; Espalmador de Formentera.

Au printemps, Majorque se couvre toute entière du blanc de ses amandiers et les fleurs semblent bercer de leurs murmures le songe des troncs torturés des vieux oliviers.

Il n'y a que quelques siècles que le majorquin a pu dormir tranquille. Ses origines ont beau se perdre, confuses, dans l'histoire des invasions, les chroniques le décrivent comme un lutteur. Il fut un soldat d'une grande habileté, qui partait à la guerre muni de trois frondes : une à la main, l'autre liée sur la tête, et la troisième attachée à la ceinture — et l'on raconte qu'aucun casque, qu'aucune cuirasse, ne pouvaient résister à la violence des pierres et des boules de plomb qu'il utilisait comme projectiles. Il participa activement aux combats entre Rome et Carthage, et ce fut le général romain Quinto Cecilio Metelo, qui après s'être emparé de l'île « Minor » — notre Minorque — débarqua en l'année 123 avant J.C. sur la « Major », fonda Pollentia sur la côte Nord-Est, et Palma sur la côte Sud-Ouest.

Vandales, wisigoths, maures et catalan-aragonais, luttent pour s'emparer de l'île et en deviennent les maîtres successifs. Les longues années de domination arabe l'emplissent de palmiers d'Afrique, et l'eau des fontaines, comme à Grenade ou à Cordoue, murmure sa chanson dans les patios des maisons.

Le château de Bellver, dont la construction fut ordonnée par Jaime II, fils de Jaime «le Conquérant», se dresse face à la baie, symbole des années où Majorque fut un royaume indépendant dont le commerce était prospère dans toute la zone méditerranéenne.

Avec l'unité nationale, l'histoire des îles se confond avec celle de l'Espagne, et le majorquin, heureux dans la paix de son île, acquiert peu à peu ce caractère tranquille et calme, sans précipitation, et cette philosophie qui consiste à s'imprégner de la beauté qui submerge tout, à Majorque comme dans les autres îles de l'archipel, lesquelles, dit-on, surgirent de la mer dans le but de prendre un moment le soleil, et s'y plurent tellement qu'elles y restèrent, endormies.

Mallorca

La baie, la nuit

Palma de Majorque étreint la mer et la retient dans le merveilleux étui de sa baie. Il semble que toutes les lumières et toutes les couleurs s'y donnent rendez-vous. Des nuages en flammes s'y brûlent aux couchers de soleil et, dans les eaux claires, les voiles des bateaux du port s'y reflètent, en même temps que les grands hôtels, les palmiers, les bois de pins, la cathédrale, et le château de Bellver ...

La ville se penche sur la mer, le long de ses promenades et de ses jardins. Comme la mer y est partout présente, elle peut se permettre le luxe d'élever sur ses bords de nouvelles constructions, sans que la vue ne lui en soit jamais cachée. Palma se modernise sans perdre son caractère. Les ailes des moulins du Jonquet demeurent illuminées, tout près des groupes impressionnants formés par les immeubles modernes.

De la promenade de Sagrera, assis à l'ombre des palmiers, l'on domine le port. Sur cette route, ensoleillée et joyeuse, on trouve le monument à la mémoire de Rubén Darío, le Consulat de Mer, et le très beau monument gothique de la Lonja, construit en 1426 par l'architecte qui a donné son nom à la promenade : Guillermo Sagrera.

Le tympan de la porte principale est orné de la statue d'un ange qui rappelle ceux qui figurent sur la façade des cathédrales françaises de même style. L'extérieur de l'édifice semble avoir été doré par le soleil et brûlé par l'air marin. A l'intérieur, les colonnes prennent l'aspect stylisé de troncs d'arbres, et leurs nervures, qui se déplient en ramages pour soutenir la voûte, les font paraître semblables à des palmiers de pierre. Aujourd'hui, la Lonja a perdu son caractère commercial et son unique salle abrite le Musée des Beaux-Arts.

Les arsenaux, la Lonja et les arbres de la promenade

Paseo de Sagrera

S'Hort del Rei

de Sagrera encadrent la silhouette constamment en relief de la cathédrale, qui, de par sa construction massive et hérissée de tours et de contreforts, est à la fois un temple, une forteresse et une roche supplémentaire entre les falaises. Elle se mire dans la mer qui lui ôte sa rigidité, la berçant comme si Palma possédait deux cathédrales : une entre ciel et terre, hiératique ; l'autre dans la mer, vibrante ...

Derrière la promenade règne toute l'animation du populaire quartier de Santa Catalina, où l'on a ouvert dernièrement plusieurs restaurants excellents.

Palais et nobles maisons seigneuriales abondent dans la vieille partie de la ville, voisine de la cathédrale, de l'église de Santa Eulalia et de la promenade du Born. Ils

Palacio Marqués Vivot

Nef de la Cathédrale

Jardins de la Promenade Maritime et Cathédrale

La Cathédrale.

Parc de la Mer.

S'Arenal
Ca'n Pastilla
Cala Estancia
Cala Gamba
Ciutat Jardí
Portitxol
Palma de Mallorca
Porto Pi
Castell de Bellver
Cala Major

La Cathédrale.

Rue Almudaina

conservent comme des trésors leurs beaux mobiliers majorquins. On note leurs magnifiques patios intérieurs, pleins de lumière et de paix, que l'on aperçoit souvent de la grille d'entrée. Il suffit de mentionner, parmi eux, les palais de Oleza, Morell, Ferradell, Berga, Despuig, Pueyo, Desbrull, Montenegro, et celui de Vivor, dont nous reproduisons l'harmonieuse cour intérieure.

Tout ce que la façade de la cathédrale de Palma possède

La baie, la nuit

La baie

Hôtel-de-ville

Château de Bellver

Place de la Reine

Paseo Marítimo

Paseo Sagrera

S'Arenal

S'Arenal

de dur, se transforme en lumière et en douceur à l'intérieur. Entre les puissantes colonnes, des rayons de soleil irisent les vitraux. La construction de la cathédrale dura de 1230 au XVIIe siècle. Des retouches ultérieures ont été apportées à son plan primitif, à son style gothique. Gaudí lui-même y représente l'art de notre siècle. La chapelle de la Trinité contient les restes des deux grands monarques majorquins : Jaime II et Jaime III.

Au crépuscule, la baie de Palma est envahie d'une paix infinie, et, quand vient la nuit, le reflet de mille lumières, dominées par l'ombre imposante du château de Bellver, vient s'y mirer. La promenade de Sagrera, qui coupe le Paseo Maritime, conduit aux quartiers touristiques et résidentiels de Palma, habités en grande partie par des artistes et des étrangers. Porto-Pi, Son Armadans, le Terreno : fragments de terre dorée qui brillent entre le double azur de la mer et du ciel. Des petites maisons blanches se

S'Arenal

Ca'n Pastilla

trouve disséminées entre les fleurs et les bois, parfumées par les pins et la mer, et brillent, la nuit, du feu de toutes les étoiles de l'univers.

Au sommet de la colline couverte de pins, où l'on a installé le parc municipal, est situé le château de Bellver, que le bon roi Jaime II fit construire à Pedro Salvá. Le voici donc, droit et élancé, bien que son donjon et ses créneaux, ses fossés et ses murailles, n'appartiennent plus à des contes de prisonniers, mais abritent un beau musée où l'on conserve les statues romaines que collectionna le savant humaniste que fut le Cardinal Despuig.

Le château est l'un des ornemements de Majorque et Majorque est la plus belle perle du château, étant donné que si le fait de grimper au monticule qu'il domine est récompensé par sa visite et la visite de son musée, un effort mille fois supérieur pourrait être tenté, ne serait-ce que pour admirer le panorama que l'on y contemple. La

Cala Mayor

baie, la ville et ses alentours, le port, la cathédrale, la mer et le ciel, tout est baigné par la lumière dorée de couchants immensément plus beaux qu'en n'importe quel autre lieu.

Au pied du château se trouve la place Gomila et le quartier cosmopolite de Son Armadans.

Palma est une cité pleine de contrastes. Près des ensembles modernes et des immeubles luxueux de la place de la Reina, on peut voir et acheter les légumes exquis des potagers majorquins. Touchant la place de taureaux riche en couleurs, le port, non moins multicolore. A ses quais, pleins de vie et d'animation, sont amarrés des bateaux en provenance de toutes les mers du globe. Comme motifs principaux : les promenades, les palmiers, et la mer dorée de soleil.

Si nous penchons notre tête, du mirador de la cathédrale nous pouvons contempler la baie, et, sur notre gauche, demeurent les nouveaux lotissements, les plages et les hôtels de S'Arenal, Maravillas, Coll d'en Rabassa, Can Pastilla, Ciudad Jardín. A droite, Corp-Mari, le Terreno, San Agustín, Cala Mayor, Cas Catalá, Ses Illetes, Portals Nous ... Le tout avec son ambiance propre et son paysage distinct, si bien qu'il nous semble que nous nous sommes beaucoup éloignés de la ville, dont tous ces lieux ne sont qu'un splendide prolongement. L'ample courbe de la baie de Palma, d'une largeur de 13 milles et demi entre Cala Figuera et Cap Blanc, leur sert d'abri, énorme coquille dont les bords rocheux et boisés ont une anse, un coin de plage ou un petit port pour chacun d'eux. Ainsi, entre roches et pins, se succèdent Portals Nous, Punta Negra, Palma Nova, Magaluf et la petite calanque de Bendinat.

San Agustín

Illetes

Cala Mayor est un ensemble de réussites, qui conjugue l'esprit commercial et le touristique, tout en restant fidèle à la nature. Il s'agit d'une ample plage, protégée, qui n'est située qu'à 5 kms de Palma. Entre les pins, des hôtels munis de tout le confort moderne surgissent, et, en plus de sa beauté propre, l'endroit est un splendide centre de départ pour excursions. Durant la nuit, Cala Mayor se réfléchit toute entière dans les eaux tranquilles de sa petite baie où scintillent les lumières.

Non loin de Palma, trois gros rochers qui émergent de l'eau, donnent son nom à « Ses Illetes ». Les eaux transparentes reflètent les pins dont les formes projetées semblent aller chercher au fond les nageurs.

La route évite constamment de s'éloigner de la mer. Elle la borde, et, si elle s'en éloigne quelques mètres, c'est pour aller immédiatement à sa rencontre, en lui faisant face. Sans limites ou bien prise entre les calanques découpées que parfume l'intense végétation majorquine — lavande, thym et genêt — on la voit de partout.

Les baies les plus proches de Palma ont vu s'édifier rapidement un splendide complexe hôtelier. Des résidences, des restaurants et des hôtels jalonnent la côte et attirent un nombre extraordinaire de touristes espagnols et étran-

Illetes

gers, tout au long d'une saison qui connaît à peine l'interruption que cause l'hiver. Bateaux et avions débarquent, par centaines de milles, ceux qui se proposent de passer leurs vacances dans l'île. En été, l'aéroport de Son San Juan compte parmi ceux qui enregistrent le plus grand mouvement touristique du monde. Voici donc Majorque

Illetes

de nouveau envahie, mais par l'invasion pacifique de ceux qui cherchent le soleil et la mer et viennent rêver les yeux ouverts, étendus sur le sable chaud de ses plages.

A Palma, les jours sont pleins de la musique de la mer, du murmure du vent dans les pins, de la brillante chaleur du soleil. Les nuits vibrent de la cadence des boléros, ou tissent des silences. On entend aussi les orchestres modernes dont le rythme anime et divertit ceux qui aiment

Illetes

Portals Nous

danser et rire, avec la gaieté éphémère des vacances, pendant lesquelles des amitiés naissent en quelques heures. Le paysage possède de nouveaux attraits, des formes et des couleurs nouvelles : la tache bleue, rouge, jaune ou verte des parasols, les milles tonalités des costumes des baigneurs, la grâce des jeunes filles qui se reposent et bronzent au soleil.

Derrière les rochers qui lui donnent son nom, « Ses Illetes », sa plage et son hameau constituent un lieu d'une beauté extraordinaire, doté d'hôtels excellents et confortables. Portals Nous n'est qu'à 9 km de Palma ; Palma Nova et Magaluf, ne s'en trouvent éloignés que de 13 et 14, respectivement. Le climat des Baléares qui fait des prodiges, rend tous ces lieux frais en été et chauds en hiver.

Palma Nova est l'une des zones en cours d'urbanisation les plus vastes et les plus ambitieuses de l'île. De même que Cala Mayor, c'est aussi une ample plage, où les pins arrivent tout près de l'eau, et qu'entourent de vertes collines. C'est un des coins préférés des habitants de Palma.

Palma Nova

Palma Nova

Magaluf

Estellencs
I. Dragonera
Sant Elm
Andratx
Port d'Andratx
Camp de Mar
Peguera
A Palm
Santa Ponça
I. Malgrats

La mer est omniprésente à Majorque, aussi chaque touriste y a l'impression d'être propriétaire d'un coin de côte et d'un morceau de mer. Santiago Rusiñol a d'ailleurs dit à ce propos : « Cette île est plus latine que toutes les autres ; c'est une terre où sans dormir, on peut rêver et se reposer ». Et universelle à force d'être latine, Majorque a appris à parler dans toutes les langues pour saluer et accueillir ses hôtes.

La route qui va de Palma à Andraitx, passe au travers de paysages splendides, qui obligent le voyageur qui la parcourt à arrêter cent fois son véhicule, pour contempler le panorama qui s'offre à lui. Une fois traversée Palma Nova, l'histoire médiévale de Majorque se rappelle à nos

Mirador d'es Malgrats

Santa Ponça

souvenirs. Un petit oratoire marque l'endroit où fut dite la première messe sur l'île, quand les conquérants catalans aux ordres du roi Jaime 1er y arrivèrent ; dans la baie de Santa Ponsa, une svelte croix blanche indique que ce fut ici, précisèment, que le grand roi y débarqua, et commémore son expédition.

Entre les calanques de Penya et de Santa Ponsa, les îles Malgrat, majestueuses et pleines d'aspérités, sont d'une impressionnante beauté. Voici ensuite les calanques de Paguera, de Fornells et Camp de Mar, aux contours découpés, et où les eaux sont transparentes et très appréciées. Des embranchements de la route nous y conduisent en même temps qu'aux nombreuses terrasses d'où l'on admire des paysages immenses.

La route fait une halte au port d'Andraitx, petit et bien abrité, qui fut jusqu'à ces derniers temps un refuge des barques de pêche inconnu du touriste.

Andraitx est situé un peu à l'intérieur et constitue un centre pour excursions de tout premier ordre. Les chemins serpentent le long de la côte, abrupte ici, pratiquement sans plages, et dont les rares calanques servent d'asiles aux pêcheurs les jours où la mer devient furieuse. A noter

Santa Ponça

Santa Ponça

Peguera

Cala Fornells

Peguera

Camp de Mar

tout particulièrement S'Arracó et la terrasse de San Telmo qui s'ouvre sur l'étendue dénudée de l'île Dragonera, qui surveille la mer du regard pénétrant de son phare.

D'Andraitx, la route, parsemée de belvédères, se dirige à Bañalbufar, sur la sauvage côte du Nord. Et, de nouveau, un arrêt est de rigueur, car chaque point de vue est plus beau que le précédent, qu'on commence d'un côté ou de l'autre, et tous méritent d'être admirés. Les panoramas les plus spectaculaires sont ceux qu'on peut apercevoir du balcon de Ricardo Roca, et de celui du Mirador de las Animas.

La route continue à serpenter, en virages constants, en courbes en épingles à cheveux, et elle nous conduit maintenant vers un nouveau coin du paradis majorquin : Valldemosa.

Valldemosa, situé au pied du massif du Teix sur lequel la lumière dépose d'intenses violets, d'exultants vermillons et des ocres enflammés, est sans doute l'un des plus beaux endroits de la campagne majorquine. Le village est propre, les ruelles y sont ombreuses et gracieuses, seigneuriales et discrètes, et pleines d'une paix profonde et d'une élégante et nostalgique mélancolie. Ses habitants vivent de l'agriculture, très productive sur ces terres fertiles, couvertes des plus beaux arbres. En Janvier et Février, à la suite des mimosas, fleurissent les amandiers et les cerisiers, et tout le paysage prend un ton légèrement rosé.

En 1872, l'Archiduc Louis-Sauveur d'Autriche, remit en valeur ces paysages qui avaient connu, à Miramar, le passage lumineux de Ramón Llull, à Miramar au pied duquel se blottit, imposant, le grand rocher de Sa Foradada, morceau de pierre sauvage qui pénètre dans la mer, et dont la hauteur est supérieure à celle de la cathédrale de Palma. A son sommet, l'eau a foré l'énorme trou qui lui donne

Camp de Mar

Port d'Andratx

son nom, et le soleil et la mer le revêtent de toutes les colorations imaginables.

L'étranger connaît Valldemosa pour sa chartreuse, et celle-là pour avoir abrité les amours de Frédéric Chopin et de George Sand. Pour les majorquins cependant, Valldemosa est d'abord la patrie de « leur » petite sainte, Catalina Tomás, la douce fillette qui a son autel dans le cœur de tous les habitants de l'île, et dont le corps, qui n'a pas connu la corruption, est conservé à Palma.

Le voyageur amoureux de la mer s'arrête peu à Valldemosa. Du village, c'est à peine s'il connaît les cellules et les musées de la Chartreuse de Saint Bruno que fonda, en 1399, le pieux roi catalan Martin « l'Humain », et que construisirent, selon sa forme actuelle, les moines du XVIIIe siècle. Des rosiers grimpants et de merveilleux géraniums couvrent les murs de la Chartreuse qui se détache au milieu d'une végétation luxuriante : cyprés, palmiers et orangers. A l'intérieur, de vivants souvenirs du passage

Sant Elm

du pianiste romantique et de la romancière exaltée ; des fenêtres des cellules, le paysage s'étend, de toute beauté, jusqu'au défilé, et, après celui-ci, jusqu'à la vaste étendue plate où se trouvent les maisons de Palma, la mer, et un petit nuage à fleur d'eau, qui n'est autre que Cabrera, l'île déserte. Si l'on est au printemps, les arbres sont si fleuris, et si lourds de fruits si l'on est en été, « que c'en est merveilleux », si nous en croyons Rusiñol qui vécut à Valldemosa et déclara sur son compte, parmi tant d'autres belles choses, que c'était un village fait pour les paysans et pour les peintres. Les paysans, pour vivre de cette campagne, si fraîche et si propre « qu'on dirait même qu'on enlève la poussière des plants de tomates », et les peintres pour vivre leur vie en la peignant.

Ici vécurent aussi l'Archiduc Louis-Sauveur, les Sureda, Mme Muntaner, la femme-peintre, Rubén Darío, le peintre Mir ... Et ici vit l'artiste José Coll Bardolet, qui a su restituer toute la grâce des danses majorquines, en reprodui-

La Dragonera

Estellencs

sant de nombreuses fois, en action, le groupe folklorique local « El Parado », que dirige le maestro Bartolomé Estarás.

A la sortie de Valldemosa, « Miramar ». La mer de nouveau, qui s'étend devant nos yeux, et si nous avons été un moment sans la voir, elle nous paraît maintenant plus immense, car nous la voyons depuis la hauteur. Et nous nous rappelons les paroles du peintre-poète, Rusiñol, qui nous explique qu'il y eut un enfant, dans cette île,

qui refusait de se baigner, de peur de rester bleu, tant on voit du bleu du haut de Miramar. Il ne peut en effet y en avoir davantage, celui du ciel, celui de la mer...

Miramar et la presque totalité des terres voisines furent achetées peu à peu par l'archiduc Louis-Sauveur d'Autriche qui aima et exalta ce pays où avait vécu Ramón Llull. Passionné de ces paysages, il s'installa à Majorque pour des vacances de toute la vie, convertit ses possessions en vivants musées de l'artisanat et du goût majorquins.

La route passe par Son Masroig, par Deyá et Lluchalcari, avant d'arriver à la ville de Sóller, qui, établie dans une des vallées les plus amples et les plus boisées des Baléares, s'appuie sur le Puigmajor, le plus haut sommet de l'île (1445 m). Dans la vallée, on trouve des citronniers, des orangers, des grenadiers, et l'on sait qu'on est sur le point d'entrer à Sóller, à cause du parfum de fleur d'oranger qui vous saisit.

La ville est jolie et propre, avec ses petites maisons blanches et leurs patios intérieurs frais et pleins de fleurs. Comme toutes les petites maisons de tous les villages de Majorque, elles sont brillantes de propreté. Mais Sóller, où la mer est absente, est surtout la vallée des orangers, un merveilleux jardin potager.

Pour aller à la recherche de la mer, on prend, à Sóller, un vieux tramway et, à force de secousses, au bout de 5 km, on parvient à son port qui, comme celui de Palma, possède une baie, plus petite, et si refermée qu'elle semble un lac.

« Avec un coteau en pente, une guirlande de maisons, une petite montagne couverte de pins et une paroi de chaînes de montagnes pour éloigner la mer de tous vents,

Valldemosa. La chartreuse

Piano Pleyel que Chopin fit venir directement de Paris.
Au premier plan un buste de Chopin sculpté par le sculpteur. J. Borrel Nicolau.

Piano majorquin utilisé par Chopin pendant son séjour dans la Chartreuse.

"Sa Foradada" Crique.

on a construit ici le port le plus pacifique que peut désirer, pour sa retraite, un capitaine de goëlette », a dit Rusiñol. Maintenant, il nous faudrait ajouter à cette description un grand nombre d'hôtels et de plages, toujours pleines de baigneurs, qui n'ôtent à l'endroit ni calme ni beauté, et lui ajoutent du coloris.

En partant du port de Sóller, il est possible de faire des excursions par mer, à Sa Calobra et au Torrent de Pareis. On peut aussi suivre la côte, par la merveilleuse route, au tracé audacieux, qui conduit de Sóller à Lluch. L'excursionniste décidé se trouve ici devant le parcours le plus fantastique que lui offre l'île. En remontant la route aux courbes larges et bien dessinées, on grimpe jusqu'aux hauteurs du Puigmajor. La vue sur la crique du port de Sóller est pure délice. Après avoir franchi par un tunnel

Puig
Major
Monasteri de Lluc
Gorg Blau
Torrent
de Pareis
Sa Calobra
Mirador de
Ses Barques
Fornalutx
Port de Soller
Cap Gros
Sóller
A Palma
Llucalcari
Deià
Son Marroig
Sa Foradada
Valldemossa
A Andratx
A Palma

Crique de Deiá.

Deiá.

Port de Soller

Port de Soller

la muraille montagneuse, on commence la longue descente jusqu'à Sa Calobra. A partir de cette plage, un sentier et un couloir ouvert dans la roche vive, conduisent l'excursionniste au torrent de Pareis. En suivant le lit, sec la plus grande partie de l'année, il arrivera, après plusieurs heures de pénible ascension, au Gorg Blau où prend fin le gigantesque défilé.

Port de Soller vu du Mirador de Ses Barques

Ravin de Pareis

Si l'on reprend de nouveau la route et qu'on descend en direction de la vallée, de dos à la mer, on atteint la déviation qui, vers la gauche, se dirige au village et au monastère de Lluch

Le Sanctuaire de la Vierge de Lluch, qu'honorent les majorquins, est le centre et le motif de leurs pélerinages pieux. Il est situé à 400 m d'altitude et à 18 km de l'importante agglomération d'Inca, dans une vallée trés fertile, couverte de forêts et entourée de montagnes. On a l'im-

Embouchure et plage du Ravin de Pareis

Route de Sa Calobra. «Cavall Bernat»

Route de
Sa Calobra

Sa Calobra

Ravin de Pareis

Route de Sa Calobra. «Nudo de la Corbata»

Sanctuaire de la Vierge de Lluc.

pression que toutes les routes amènent à Lluch de n'importe quel point de l'île, et ce sont celles qui conduisent au Monastère les plus suggestives que l'intérieur met à la disposition du voyageur.

Au nord de l'île, et avant de parvenir au port de Pollensa, il est recommandé d'effectuer une déviation jusqu'à la baie San Vicente, proche du château du roi dont les ruines

Grottes de Campanet.

Cala Sant Vicenç

couronnent la cordillère côtière. Peintres, prosateurs et poètes l'on fait connaître comme l'un des lieux les plus ravissants de l'île, où, aujourd'hui encore, le silence se mêle à la paix du paysage. La rade s'ouvre au milieu d'une côte abrupte qui forme un splendide manteau naturel. Elle se termine par la pointe hérissée de la Punta de la Troneta.

Pollença. Pont Romain

«Morro d'en Boqué»

«Es Colomé»

Les chemins d'accès sont ici très faciles, aussi bien par terre que par mer, et, face aux eaux transparentes et d'un bleu intense, quelques hôtels et chalets se sont installés qui n'altèrent pas, mais qui, au contraire, ajoutent un complément à l'impressionnante beauté du lieu.

Formentor

Cap Formentor
es Colomer
Formentor
I. Formentor
Cala Pi
Pollença
Badia de Pollença
Cap Pinar
nca
Alcúdia
I. de Alcanada
Port d'Alcúdia
Badia d'Alcúdia
S'Albufera
Ca'n Picafort
A Arta

Cala Figuera de Formentor

La route qui conduit de Pollensa à Formentor, la perle verte de l'île, suit la petite péninsule de côtes découpées ; par moments, lorsque le paysage paraît s'élargir et contenir plus encore de mer et de terre, s'ouvrent des miradors, afin que celui qui arrivé ici ne croyait plus qu'il verrait quelque chose de nouveau, et se figurait au bout de ses surprises, constate qu'il n'en est rien. Devant ses yeux s'étalent des côtes, des récifs, des hautes murailles qui limitent des calanques, et, émergeant de la mer de cobalt, la petite île Es Colomer, qui fait face à la roche du « Puig ».

La baie de Formentor est en soi une des grandes attractions de Majorque. Les montagnes la protègent, et les pins, épais et touffus, descendent jusqu'à même la plage. L'hiver y est chaud et suave comme l'été y est doux, et l'union du climat et du paysage font de Formentor un lieu privilégié dont l'existence paraît être le fruit de la seule imagination.

Au lieu-dit « Pi de la Posada », et en face de l'île de Formentor, on a édifié, en 1930, l'Hôtel Formentor, qu'entourent 2.000 hectares de futaies. Parmi ses hôtes, on compte des artistes illustres, des écrivains fameux et des hommes politiques célèbres comme Winston Churchill et le Négus. Le souvenir du grand poète majorquin Costa y Llobera est intimement lié à ces lieux qu'il sut chanter et magnifier.

Formentor.

Le phare de Formentor

Port de Pollença

Tombée de la nuit sur Port de Pollença

Pollença. Rue typique

Alcudia. Murailles

Ca'n Picafort

Formentor est la première rade abritée de la grande baie de Pollensa que nous suivrons à présent, pour arriver, une fois passée La Fortaleza, au port de Pollensa, un des premiers centres résidentiels que l'île ait possédés, et le plus connu des artistes étrangers. Dans la rade immense, les plus grandes escadres du monde ont mouillé, et, dans le délicieux hameau du port, vivent des hommes de tous les continents qui, comme le grand peintre Anglada Ca-

Can Picafort

Cala Ratjada

marasa, sont devenus amoureux de ce paysage et de ce calme.

Comme celle de Sóller, la ville de Pollensa est située à l'intérieur. Elle est éloignée de 7 km de la mer. La campagne est riche en fertiles jardins maraîchers. La majestueuse

Cala Ratjada

Capdepera.
Le château

Artá. Entrée des grottes

Cala Bona

Cala Millor

Cala Millor

Sa Coma. Cala Millor

Sa Coma - S`Illot

montagne du Puig la domine, qui, avec son sanctuaire, constitue un balcon ouvert sur la contrée. La beauté de l'agglomération de Pollensa se fait plus grave en un certain endroit nommé « El Calvario » — « le Calvaire » — flanqué de cyprès et baigné de paix et de sérénité.

Alcudia, noble et vieux bourg qu'aimèrent et conquirent les peuples de l'antiquité, s'élève entre deux baies. A gauche, celle de Pollenṣa, que nous venons de laisser. A droite — immense — celle qui porte son nom. La cité conserve encore ses portes fortifiées, et on peut admirer les restes de ses murailles ainsi q'un théâtre greco-romain tout près du port.

Le grand arc de la baie contient les plages et les ensembles urbanisés de Can Picafort, de la colonie de Son Serra, de Cala Guyá, et, plus loin — déjà sur la Côte sud — le village fortifié de Capdepera et les plages renommées de Cala Ratjada.

Les eaux qui contournent Majorque, l'ont travaillée à l'intérieur pendant des siècles, et ont sculpté des formes merveilleuses, créé des architectures extraordinaires, creusant des salles et des salons immenses, des grottes profondes, des décors magiques.

A 9 km du bourg d'Artá l'on trouve les grottes du même nom, les plus grandioses, les plus impressionnantes de celles, qui, au nombre de deux cents, ont été découvertes dans l'île. Près de Manacor, s'ouvre l'entrée des grottes du Drach. Il serait difficile de les comparer, car en raison de leurs proportions et de leur caractère, elles n'admettent aucune comparaison. Tout ce qui à Artá est immense, est délicat au Drach. Ce qui, là-bas, sout voûtes décorées de façon merveilleuse, à l'échelle d'une grande basilique, ce sont ici les merveilles qui orneraient l'intérieur d'une grotte enchantée. Leur beauté est aujourd'hui mise en valeur par les illuminations et la sonorisation dûes à l'art de Buigas, le poète de la lumière. Lors des promenades en barque le long des lacs intérieurs, les reliefs acquièrent

Porto-Cristo

Porto Cristo. Grottes Hams.

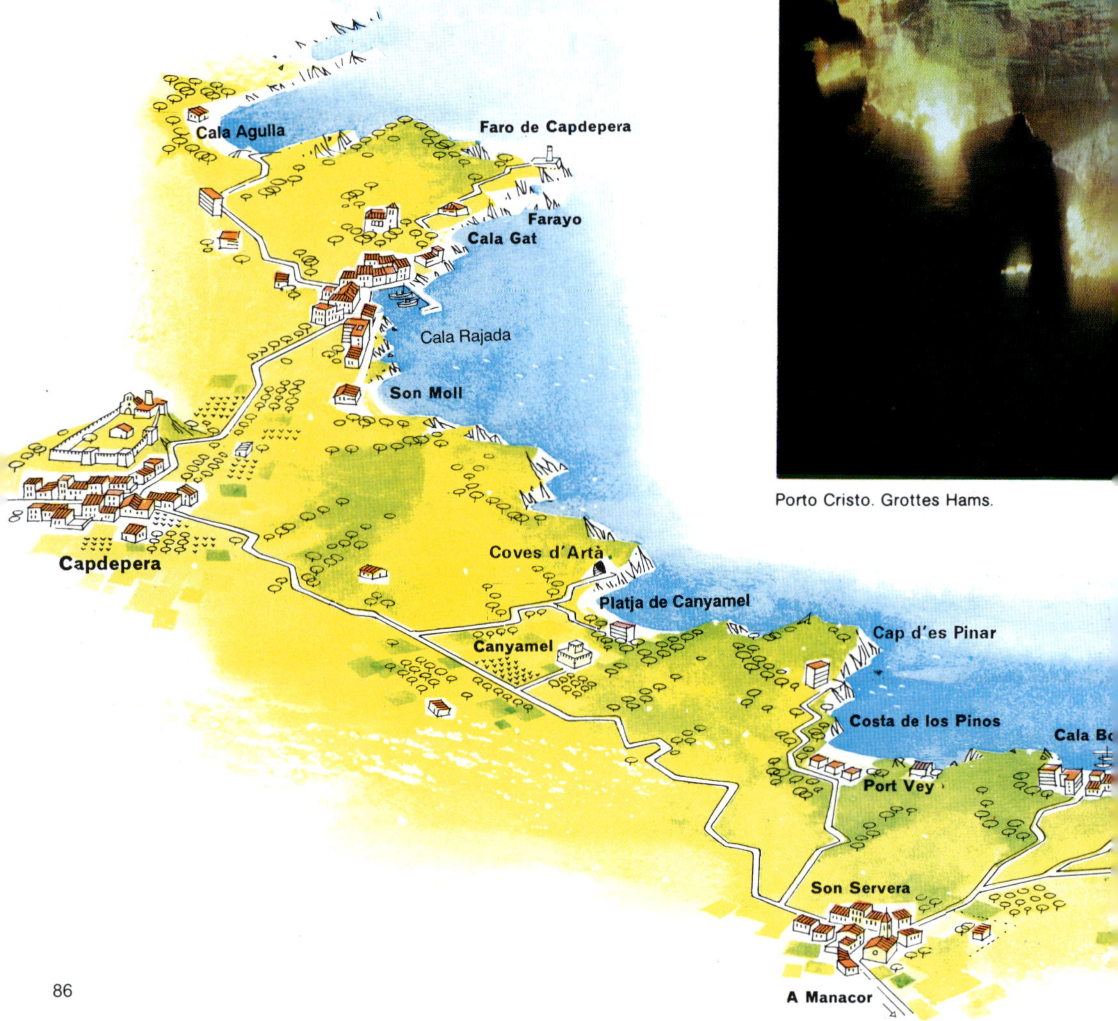

Punta de n'Amer
S'Illot
Cala Morlanda
Cala Moreya
Coves del Drac
Coves dels Hams
Portocristo
Millor
A Manacor

sous l'action de la couleur, un réalisme fantastique de conte de fées. Nous ne manquerons pas de citer aussi, à cause du spectacle qu'elles offrent, les grottes de Campanet, sur la route de Pollensa à Palma, et celles des Hams, toutes proches de Porto-Cristo, comme celles du Drach.

A l'intérieur des terres, Manacor est une importante agglomération que domine une imposante église gothique. Manacor est devenue fameuse en raison de son industrie – autrefois familiale – de fabrication de perles. A Porto-Cristo, la mer s'enfonce dans les terres, et forme un port naturel, créant des plages au bord desquelles se sont élevés des hôtels. Des ensembles urbains y ont été réalisés. La

Différentes vues de Porto Cristo

Cala Estany - Playa Romántica

douce et paisible mélodie de la cornemuse — el « sac de gemecs » — dont joue tranquillement un majorquin vêtu du costume insulaire typique du XVIIIe siècle, ajoute une note de gaieté aux fêtes qui se célèbrent ici.

Tout au long de la côte tournée vers le sud, se succèdent calanques, plages et petits ports joyeux. Hôtels et

Cala Murada

urbanisations se multiplient un peu partout, se fondent au paysage qui les dissimule dans ses arbres, et reste ainsi intact. Après Porto-Cristo, voici les criques d'Aguilar, Mendia, Falcó, Vacas, Mangraner, Barquetas, Bota, Domingo et Murada. Entre Cala Algar et Cala Marsal est situé Porto-Colom, refuge des petites embarcations qui se trouvent déjà dans les eaux de Felanitx.

JUANA
PM1-1471-3

Cala Llonga

Porto Colom

Cala d'Or

Il arrive que la crique est si profonde que la mer, pénétrant à l'intérieur des terres, la transforme en une sorte d'estuaire couleur bleu intense. Ainsi Cala d'Or, la plus belle de toutes, qui fait admirer ses constructions à la mode d'Ibiza. A son côté, de nouvelles plages et des découpures forment l'ensemble composé par Cala Arsenau, Cala Ferrera, Cala Mitjana, Cala Esmeralda, Cala Gran, Cala Llonga – le lac de Cala d'Or – Porto-Petro, Cala Mondragó ...

Comme centre de la frange côtière que nous trouvons à présent, voici Santanyí, à partir de laquelle la route bifurque pour prendre la directions des criques de Figuera, Mármol, Socarrada, Llombarts et Almunia. A Cala Santanyí, au pied de la Terra Nova, s'élève une roche gigantesque, forée en forme d'arche, du nom d'El Pontás, qui fut immortalisée par le peintre Francisco Fernaressi. La côte se poursuit ensuite jusqu'au cap Salinas, dure et

Cala d'Or

Porto-Petro

Cala Mondragó

Cala Figuera. Caló d'en Boira

Santanyí. «Es Pontás»

découpée. Ses falaises sauvages sout toutes perforées par de nombreuses grottes pleines de résonances. Viennent ensuite des récifs et un littoral très haut, jusqu'à la pointe du cap. Du phare qui s'y trouve, on aperçoit, perdue au milieu de la mer, la très belle île de Cabrera.

Quand une terre possède autant de beauté, ce qui est courant est presque tenu à l'écart. Ainsi la côte sud par laquelle on revient sur Palma vit sa vie tranquille, sans beaucoup de tourisme. L'endroit est joli, sans atteindre

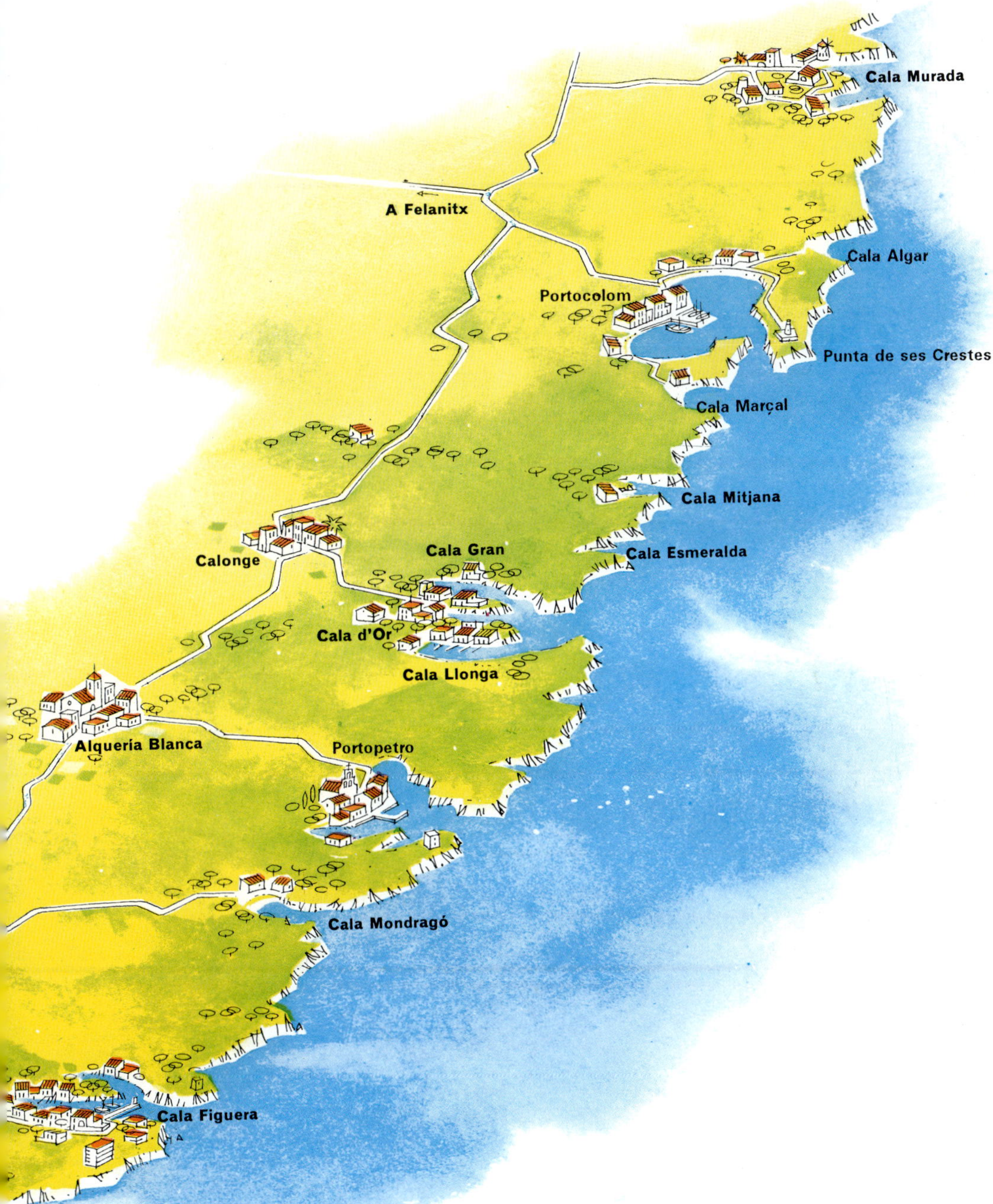
Cala Murada
A Felanitx
Cala Algar
Portocolom
Punta de ses Crestes
Cala Marçal
Cala Mitjana
Cala Gran
Calonge
Cala Esmeralda
Cala d'Or
Cala Llonga
Alquería Blanca
Portopetro
Cala Mondragó
Cala Figuera

Cala Figuera

Cala Figuera - Caló d'en Busques

Cala S'Almonia

à la splendeur du reste. A l'intérieur, occupés aux travaux d'un sol fertile, hommes et femmes paisibles se soucient assez peu d'hôtels et d'automobiles, et continuent leur labeur d'agriculteurs ou d'artisans, tandis que tournent sans hâte les ailes des moulins.

Dans la plaine, Petra, devenue fameuse pour avoir été la patrie de Fray Junípero Serra, fondateur de Los Angeles et évangélisateur de la Californie. Au Nord, Inca, connue pour ses célèbres caves, les « cellers », aux cuves immenses ; Benisalem qui produit les meilleurs vins de l'île, Consell, Marratixí, Sancelles, Santa Eugenia, San Juan, Selva – qui garde jalousement le secret de ses danses populaires – et Randa, dans l'oratoire de laquelle Ramón Llull médita et écrivit son « Ars Magna ».

Tel est le charme de Majorque, pays de vieux oliviers

Cala Llombards

Cala Santanyí

et d'orangers parfumés, mélange de tourisme trépidant et de calme amoureux, paradis de poètes et de nobles.

Santiago Rusiñol, si expert dans le bien-dire, disait que la plus grande paresse que l'on peut éprouver à Majorque c'est la paresse de l'abandonner. Et tous les voyageurs, tous les estivants qui partent pleins de nostalgie, lui donnent la raison.

Colonia Sant Jordi